DE L'ÉGALITÉ

DES

PARTAGES,

ET DU

DROIT D'AINESSE.

IMPRIMERIE DE PLASSAN, RUE DE VAUGIRARD, N° 15,
DERRIÈRE L'ODÉON.

DE L'ÉGALITÉ

DES

PARTAGES,

ET DU

DROIT D'AINESSE;

PAR

M. DUVERGIER DE HAURANNE,

ANCIEN MEMBRE DE LA CHAMBRE DES DÉPUTÉS.

PARIS,

BAUDOUIN FRÈRES, LIBRAIRES,

RUE DE VAUGIRARD, N° 17.

—

1826.

AVERTISSEMENT.

Je me proposais, dans la seconde partie de l'ouvrage que je viens de publier, sous le titre *de l'Ordre légal en France et des Abus d'autorité*, de démontrer les bienfaits de l'égalité des partages; je croyais avoir le loisir d'étudier à fond une question qui s'y rattache, celle de la division des propriétés foncières; mais l'apparition inattendue du projet de loi sur les successions ne m'en a pas laissé le temps, et cet écrit se ressent d'une précipitation que j'aurais voulu éviter. J'espère que cette circonstance sera un titre à l'indulgence du lecteur.

Le projet de loi, aussi incomplet qu'il est impolitique et inconsidéré, donnera lieu à l'examen d'une foule de questions de jurisprudence civile; elles sont de la compétence des jurisconsultes, et il ne m'appartient pas de les discuter (1); mais on peut le considé-

----

(1) Cela vient d'être fait, aussi bien que sous les rapports

rer, spécialement, sous les rapports politiques, économiques et moraux, c'est ce que j'ai essayé de faire. Je n'ai pas l'espoir de porter la conviction dans l'esprit de ministres, de qui on ne saurait dire s'ils font un acte de témérité, ou s'ils transigent par faiblesse ; mais, heureusement, nos destinées ne dépendent pas d'eux seuls, et nous pouvons encore espérer qu'une entreprise *contre-restaurationnaire*, qui attaque toutes les familles et ne tend à rien moins qu'à bouleverser la société, ne s'accomplira pas. Les Français invoquent le secours des premiers soutiens du trône et de la patrie. Ah ! n'en doutons pas, leurs voix seront entendues !

---

politiques et moraux, par M. Dupin aîné, avec l'habileté et le talent qui le distinguent. Du Droit d'aînesse, chez Paul Ledoux.

DE L'ÉGALITÉ

DES

PARTAGES,

ET DU

DROIT D'AINESSE.

Les lois sur les successions n'ont pu être établies qu'après la reconnaissance du droit de propriété; c'est ce qui a fait dire à Montesquieu que l'ordre des successions dépend des principes du droit civil et politique, et non de la loi naturelle. Mais en même temps cet illustre publiciste eût dû reconnaître qu'il est un principe de justice naturelle qui nous commande, non seulement de nourrir nos enfans, mais encore de les aimer également. Si l'inclination des deux sexes à s'approcher est une loi de notre nature, une autre loi en dérive bientôt, c'est celle qui nous porte à veiller à la conservation, à la santé, au bien-être de nos enfans. L'homme, doué de la faculté de penser et de prévoir, qu'il a puisée à une source divine, ne connaît pas de terme à ses soins, et les prolonge pendant toute la durée de sa vie; il revit dans ses enfans, il les suit avec une tendre sollicitude, veille à leur éducation morale et religieuse, exerce son autorité paternelle dans leur jeune âge, et les aide de ses conseils quand ils sont parvenus à l'âge mur; il est heureux de leur bonheur, malheureux de leur malheur. La nature a placé dans le cœur d'un père et d'une mère une égale affection, un égal amour pour les êtres qui leur doivent le jour, et s'ils éprouvent un sentiment de préférence pour l'un d'eux, il provient souvent de la compassion que leur inspirent un état maladif ou des malheurs non mérités; ce sentiment est lui-même un témoignage de leur désir de les voir tous heureux. C'est pour assurer le bien-être de ses enfans qu'un père s'impose des privations, se livre à des travaux pénibles, et sa plus douce pensée, celle qu'il caresse tous les jours, est qu'ils recueilleront le fruit de ses travaux, et que leur position dans le monde sera supérieure à celle où il se trouvait lui-même lorsqu'il a commencé sa laborieuse carrière. Faire le bonheur d'un fils au prix de l'abaissement de ses frères et sœurs est un sentiment hors nature, que des motifs d'ambition ou la dépravation du cœur humain peuvent seuls inspirer. Aussi, lorsque le législateur, mu par des raisons politiques, veut changer l'ordre naturel des successions en introduisant l'inégalité des partages, il est obligé d'invoquer l'autorité de la loi et de faire violence à nos affections. Voilà ce que l'on se propose de faire aujourd'hui, afin, nous dit-on, d'établir l'accord

qui doit exister entre la loi civile et la loi politique. Les Français croyaient que cet accord existait, ils avaient compris la restauration comme
elle s'était annoncée elle-même, ils avaient lu dans
la charte que les Français étaient égaux devant la
loi, que le code civil restait en vigueur; ils avaient
mal lu, l'égalité devant la loi signifie, selon les
ministres, l'inégalité des partages, le maintien du
code civil signifie la réforme de ses dispositions les
plus importantes, les plus populaires. Examinons
qui a raison des Français ou des ministres.

Lorsque les hommes, par leur agglomération,
forment·une société, bientôt la nécessité d'une
autorité centrale se fait sentir, mais c'est souvent
par une suite de causes et de circonstances qu'on
ne peut expliquer que la forme du gouvernement
devient monarchique ou républicaine. Il serait
tout aussi difficile d'assigner l'époque où les usages ont été convertis en règles fixes, et comment
l'accord s'est établi entre la loi politique et la loi
civile. On peut, sur tout cela, bâtir différens systèmes tout aussi contestables les uns que les autres; cependant, il est des occasions où il devient
plus facile d'apprécier les circonstances qui ont
déterminé l'établissement des lois. Ainsi, les nations sont exposées à tant de révolutions, à tant
de bouleversemens, qu'il peut arriver que l'ancienne loi politique ait été violemment abolie, et
qu'il ne soit plus possible de la remettre en vi-

gueur : si d'ailleurs cette loi n'était plus en rapport avec les mœurs nationales lorsqu'elle a été
détruite, la loi civile a dû être anéantie en même
temps , et remplacée par une autre plus en harmonie avec les nouvelles mœurs. Que dans une
pareille occurrence le gouvernement, né de la révolution , soit renversé , et qu'il soit question
d'instituer une autre forme de gouvernement, le
législateur sera placé entre l'alternative de changer
de nouveau la loi civile pour la coordonner à la
nouvelle loi politique, ou de conformer celle-ci à
la loi civile existante; il prendra probablement ce
dernier parti, afin que les institutions aient leur
racine dans les mœurs publiques.

C'est de cette dernière manière que la restauration s'est accomplie; elle a trouvé la loi politique
de l'ancienne monarchie abolie depuis long-temps;
il n'en restait que le droit de la famille des Bourbons
au trône de France. Notre admirable code civil, que
les autres nations nous envient et s'approprient lorsque nos ministres s'attachent à le détruire peu à peu,
était en pleine vigueur : jamais loi n'avait obtenu
un assentiment plus général, et la restauration dut
s'appuyer sur cette base nationale; c'est aussi ce
que Louis XVIII a fait en subordonnant la loi politique à la loi civile; il a cédé en cela aux conseils
de la sagesse et à l'empire de la nécessité; respec-
tons son œuvre.

La liberté politique, civile et religieuse, la liberté d'industrie et l'égalité des partages sont garanties par la Charte de la restauration; elles ont été la consolation des Français pendant les malheurs publics, et ces bienfaisantes institutions ont produit la résignation qui fait supporter de pesantes charges, et la force de reproduction qui donne les moyens de les acquitter. Le bonheur de la vie domestique distrait les Français des iniquités ministérielles, il leur fait attendre plus patiemment qu'ils ne le feraient, sans cela, la réforme d'abus qui, de jour en jour, deviennent plus intolérables. Que les détracteurs de la société nouvelle examinent de bonne foi l'intérieur de nos familles, ils seront forcés de reconnaître que chacune d'elles présente l'image d'une communauté où règne une douce fraternité; le père en est le chef vénéré, et la mère la providence tutélaire. Aucun motif de jalousie, de haine, n'existe entre les frères et les sœurs; l'autorité du chef, au lieu de s'exercer par des menaces, se fait sentir par des avis paternels, par de bons exemples; le père de famille n'inspire pas la crainte, il ne recueille que respect, affection, confiance, et chacun de ses enfans voit en lui son ami le plus vrai et le plus sûr. Aussi les jeunes gens aiment-ils à vivre au sein de leur famille, ils s'en éloignent à regret, ils y rentrent avec empressement, et on les voit moins qu'autrefois chercher dans le tourbillon du monde ces plaisirs vains qui étourdissent un moment pour ne laisser après eux que vide et souvent mécontentement de soi-même. Ce bonheur des Français est le résultat des lois sur l'égalité des partages, ils sentent fort bien qu'ils le leur doivent, et voilà pourquoi ils ont un si profond attachement pour ces lois.

Comment donc, oubliant les engagemens de la restauration, oubliant qu'elle est assise sur un ordre de choses aussi favorable à l'esprit de famille et aux bonnes mœurs, vient-on dire aux Français, vous êtes trop heureux, trop unis; soyez moins heureux et tant soit peu désunis, cela sera plus conforme au principe monarchique (1)! Qu'importe que par vos travaux et votre intelligence vous ayez accru la fortune paternelle! votre frère aîné viendra s'emparer de la plus grande part de la richesse commune, vos travaux, vos veilles ne seront pas comptés et ne prévaudront pas contre lui! Si cela ne vous convient pas, quittez la maison paternelle, oubliez que vous avez une famille, et allez chercher fortune ailleurs.

Je soutiens, dans l'intérêt de la monarchie, que l'assertion ministérielle est erronée, et que l'on a oublié, d'une manière étrange, la différence qui existe entre la monarchie pure et notre monarchie constitutionnelle.

---

(1) Discours du garde-des-sceaux. Ce ne sont pas ses expressions, mais c'est la conséquence de ses principes.

On peut fonder le droit d'aînesse afin de conserver le rang et la puissance politique de certaines familles, ou par des vues d'utilité générale. Je vais examiner la question sous ces deux points de vue.

Dans la monarchie pure où la nation est placée en dehors des pouvoirs politiques, et où le monarque, suprême et unique législateur, gouverne selon certaines règles et maximes universellement admises, un corps de nobles est, en général, placé autour du trône pour en relever l'éclat, il communique avec le peuple et devient le lien qui unit la nation et le roi. Les nobles, quoique sans participation à la puissance législative, et sans droits politiques bien définis, limitent cependant le pouvoir royal par leur patronage populaire, par leurs priviléges et par leur indépendance; ils conservent et perpétuent, par l'ascendant de l'opinion et des sentimens de l'honneur, les maximes fondamentales sur lesquelles repose la stabilité de l'État ainsi que la sécurité des sujets. Les distinctions honorifiques, les prérogatives et les priviléges des nobles, les réhaussent aux yeux du peuple, et dans leur propre opinion; ils leur inspirent ces sentimens élevés d'honneur dont l'un des plus heureux effets est la résistance ferme, quoique respectueuse, aux ordres d'un monarque absolu, lorsque ces ordres blessent la justice et la conscience. La noblesse, sous cette forme de gouvernement, ne pourrait

pas atteindre le but de son institution, si l'indépendance des chefs de famille n'était pas assurée,
et l'illustration de la famille préservée de tout dé-
clin. On y pourvoit par l'institution du droit d'aînesse, au moyen duquel chaque famille est représentée par un chef; et, si ce droit blesse les intérêts
des cadets, ils se résignent en considération de
l'éclat qui rejaillit sur la famille entière. Le législateur, de son côté, mu par des motifs supérieurs,
tient peu de compte des graves inconvéniens attachés au droit d'aînesse, il n'ignore pas qu'il crée
une classe d'hommes que la certitude acquise dès
leur jeune âge de jouir d'une grande fortune, dis-
pose à l'indolence, à la dissipation, et conduit par
le désœuvrement au relâchement des mœurs; il
compte, pour atténuer ces fâcheux effets, sur les
sentimens de l'honneur et sur le besoin des chefs
de famille de se conserver le respect public.

D'autres règles sont applicables à la monarchie
constitutionnelle; elle tient le milieu entre la monarchie pure et la république, et elle admet la nation à la gestion des affaires publiques; la puissance
législative est partagée entre le roi et des corps in-
termédiaires, la puissance exécutive est limitée par
la responsabilité des ministres. Cette espèce de
monarchie, selon le degré de civilisation des nations, prend des formes diverses; elle est plus ou
moins aristocratique ou démocratique. Là une noblesse nombreuse et quelques villes participent

seules, comme en Hongrie, à la puissance législative, et possèdent seules les droits électoraux. Ici
c'est la nation qui, représentée par les électeurs
et les élus, participe à la puissance législative. Dans
le premier cas, la noblesse, qui asservit la nation
et concentre en elle-même les droits politiques, et
qui, d'un autre côté, lutte sans cesse contre les empiétemens du pouvoir exécutif, ne se maintient
dans cette position, difficile à défendre, qu'au
moyen de priviléges fort étendus. Un droit d'aînesse limité ne suffirait peut-être pas, il doit être
absolu, entier, il faut qu'au moyen de substitutions ou de majorats, la possession des biens-fonds
passe aux aînés de famille, sans partage. La puissance des aînés protège les puînés, et c'est à son
abri que ceux-ci exercent leurs droits politiques;
un grand intérêt de famille, joint à la conservation
de priviléges personnels, leur rend moins pénible,
comme dans la monarchie pure, l'état d'infériorité
où les placent les lois sur les successions.

Si la loi constitutionnelle, comme dans les Pays-
Bas, autorise la formation d'un corps équestre
composé de nobles, ayant des prérogatives, et exerçant en particulier et selon une proportion déter-
minée les fonctions électorales, on concevrait alors,
quoique cela n'ait pas été fait, je crois, que l'on
instituât en faveur de ce corps un droit d'aînesse.

Mais si la nation participe à la puissance législative sans distinction de rang et d'après certaines

conditions d'éligibilité, égales pour tous, on ne trouve aucun motif politique d'accorder le droit d'aînesse et des priviléges à une noblesse intermédiaire. La nation forme une vaste démocratie, dans laquelle les supériorités sociales de fortune et de talens composènt une aristocratie naturelle et mobile : les lois confient l'exercice des fonctions politiques à cette aristocratie, et nul privilége personnel et héréditaire n'étant accordé aux notables, chaque citoyen voit la carrière ouverte devant lui; il sait que par son travail, son économie, sa bonne conduite, il peut acquérir les droits politiques, et conquérir le suffrage de ses concitoyens par ses talens et ses services. Un puissant véhicule pousse les esprits vers les entreprises utiles, et vers l'habitude du travail qui conserve dans les familles l'aisance, l'union et les vertus domestiques. Si on altère cet ordre de choses par l'institution du droit d'aînesse; si on cherche à rendre fixes, en la personne de chaque aîné de famille, le droit électoral et celui d'éligibilité, on crée évidemment une noblesse intermédiaire, et on rend les droits politiques presque inaccessibles aux autres citoyens. La masse de la nation est placée dans un état d'*ilotisme*; toute émulation cesse, et le découragement s'empare des mêmes hommes qui auparavant se distinguaient par leur utile activité.

On concevrait que l'on fût conduit à une institution de ce genre, si le trône se trouvait isolé et sans défense en face de la démocratie dont je viens de parler; mais aucune inquiétude ne peut naître lorsqu'un corps aristocratique et héréditaire, sous le nom de chambre des pairs ou de sénat, est placé entre la démocratie et le trône, sert de rempart au pouvoir royal contre les invasions de la démocratie, et à la nation contre les envahissemens du pouvoir exécutif. Ce corps étant une des principales branches de la puissance législative, et exerçant un grand pouvoir politique, l'intérêt public exige que ses membres soient investis de prérogatives semblables à celles que dans les monarchies pures on accorde aux nobles. L'aîné de chaque famille succède seul à la pairie, il est dès lors bon et utile d'établir en sa faveur, soit un droit d'aînesse, soit un majorat. Mais on ne doit pas aller au-delà, car les pairs sont les seuls nobles dans l'ordre politique; les autres nobles, s'il en existe, ne sont que des notables nationaux, et ils ne peuvent prétendre qu'à des titres honorifiques qui rappellent l'illustration de leurs familles, sans leur donner aucun droit à des priviléges.

Après avoir posé ces principes, que je crois incontestables, voyons de quelle espèce est notre monarchie constitutionnelle.

Le roi exerce la puissance exécutive sous la responsabilité des ministres.

Il est la première branche de la puissance législative. La chambre des pairs forme la seconde branche, et la chambre des députés la troisième; cette dernière chambre est élue par les citoyens âgés de 3o ans. On n'est pas électeur ou éligible par droit de primogéniture ou de noblesse, ni par aucune autre distinction de rang; on l'est parce que l'on paie un cens déterminé, c'est-à-dire 3oo fr. pour les fonctions électorales, et 1ooo fr. pour les fonctions législatives.

La charte reconnaît, il est vrai, une noblesse distincte de celle de la pairie; mais par l'art. 71 elle ne lui accorde que des rangs et des honneurs sans aucune exemption des charges et des devoirs de la société. Cette même charte dit textuellement, art. Ier, que « tous les Français sont égaux devant » la loi, quels que soient leurs titres et leurs rangs. »

Notre monarchie constitutionnelle est donc de la troisième espèce que j'ai supposée. La noblesse honorifique, sans fonctions politiques, ne peut aspirer au privilége du droit d'aînesse, il ne convient qu'à la pairie, et aucun autre ordre de citoyens ne doit y prétendre; la charte et les dispositions du code civil s'y opposent. Il y a accord complet entre la loi civile et la loi politique, et ce que l'on veut faire est immédiatement contraire à l'intention que l'on annonce; il s'agit d'instabilité et non de stabilité; on va introduire dans nos lois la discordance et non l'accord. Remarquons d'ailleurs que, par une loi exceptionnelle, les nobles titrés peuvent former des majorats, et que l'article 913 du code civil leur donne ainsi qu'aux autres citoyens la faculté d'avantager un de leurs enfans; ils peuvent même, selon l'article 1048, substituer à leurs petits-enfans la part disponible de leurs biens; ainsi nos lois satisfont à tous les intérêts, même à ceux de la vanité.

Mais on invoque des motifs d'utilité générale : ce n'est pas, dit-on, en faveur d'un corps de noblesse que l'on va rétablir le droit d'aînesse, c'est dans l'intérêt de tous les Français. Ainsi on veut, méconnaissant les maximes universellement admises jusqu'à ce jour, soumettre la généralité des familles aisées à une loi de primogéniture qui ne convient qu'à une noblesse intermédiaire : on oublie même que les biens-meubles et les biens-fonds en roture, n'étaient pas atteints par le droit d'aînesse sous l'ancien régime; on veut enfin rendre la condition des Français pire qu'avant 1789. En effet, la France était autrefois séparée en pays de droit écrit et en pays de droit coutumier : les premiers étaient régis par la loi romaine, l'égalité des partages y existait lorsque le père mourait sans testament; mais comme, sauf la réserve légitimaire calculée selon le nombre des enfans (1), il pouvait disposer de sa fortune, il en donnait sou-

---

(1) Elle était d'un tiers lorsqu'il y avait quatre enfans, et de moitié lorsqu'il y en avait cinq et au-dessus.

vent une plus forte portion à l'un de ses enfans, et son choix tombait en général sur l'aîné. Le reste de la France était régi par des coutumes locales et variées à l'infini, même dans une province. La noblesse héréditaire est née, parmi nous, de la conversion des bénéfices militaires et des alleux en fiefs et sous-fiefs, aussi le droit de primogéniture était-il plutôt attaché au fief qu'à la qualité des personnes; et, dans la plupart des provinces, le droit d'aînesse, à quelques exceptions près, comme dans le pays de Caux, en Normandie, était établi sur les terres nobles et non sur celles que l'on tenait en roture. Les usages d'ailleurs différaient beaucoup; ici l'aîné prenait les quatre cinquièmes, ou même la totalité des terres, à charge de donner une faible légitime aux puînés et aux filles; là, il n'avait droit qu'au manoir principal et à une faible portion de terre désignée sous le nom de *vol du chapon;* ailleurs, s'il y avait plusieurs fiefs, l'aîné prenait le principal et les puînés héritaient des autres. Beaucoup de coutumes distinguaient les biens propres des acquêts, et admettaient les enfans au partage égal des premiers; et, cela est important à remarquer, presque partout le mobilier se divisait en parts égales. Le gouvernement et les institutions des villes avaient été combinés d'après des vues opposées aux principes de la féodalité; les enfans partageaient également et les maisons et le mobilier; cependant, en quelques lieux, les filles étaient moins bien traitées que les garçons; en Normandie, par exemple, elles n'avaient droit qu'au tiers de la succession, quel que fût leur nombre. On voit, par ce court aperçu, que l'inégalité des partages n'existait pas universellement sous l'ancien régime; quels sont donc les pressans motifs qui obligent d'introduire parmi nous une institution aussi peu conforme à nos mœurs? Ces motifs sont, nous dit-on, la conservation des familles, la nécessité de fortifier la puissance paternelle, les inconvéniens du morcellement de la propriété foncière.

La loi nouvelle n'étant évidemment qu'un essai qui est loin de satisfaire les partisans des priviléges, je ne la considère que comme l'avant-garde du corps de bataille des lois aristocratiques : je vais donc examiner le droit d'aînesse sous le point de vue le plus étendu, et ce ne sera que transitoirement que je discuterai les dispositions du projet de loi.

Conservation des familles.

Le droit d'aînesse, selon ses partisans, en conservant le patrimoine des familles, les conserve elles-mêmes. On a raison, s'il est question des familles nobles de la monarchie pure, ou des familles sénatoriales de la monarchie constitutionnelle. Le droit d'aînesse conserve les familles en ce sens que transmettant à un seul de leurs membres la plus grande partie ou même la totalité des biens, il maintient et perpétue leur illustration, leur richesse et la splendeur de leur nom. Mais on n'obtient cet avantage qu'en sacrifiant le reste de la famille, en réduisant les cadets à l'indigence, en les condamnant au célibat, en les empêchant de devenir la souche de nouvelles familles, et pour en fonder une on en étouffe plusieurs au berceau (1). J'ai déjà dit par quelles considérations les cadets des familles nobles se résignent à cet abaissement, et d'ailleurs le gouvernement, conduit par la force des choses, s'attache à leur offrir de nombreux dédommagemens; il leur accorde des priviléges personnels, et leur réserve exclusivement les places supérieures dans l'armée, dans la magistrature, dans l'église. Le reste de la nation est mis en état d'indignité; et si, d'un côté, la loi politique dépouille les puînés nobles, de l'autre, le gouvernement les nourrit aux dépens du public. Voilà ce que nous avons vu dans l'ancien régime, et on ferait bien de ne pas oublier que l'irritation produite par cet état de choses a été une des principales causes de la révolution. Cependant on ne sait si on pouvait en adresser des reproches au gouvernement d'alors, tant cela était la conséquence naturelle d'institutions qui ne laissaient à une foule innombrable de cadets, aucune autre

---

(1) Voilà probablement ce que le garde-des-sceaux a voulu dire par son étrange expression : *l'homme collectif, l'homme qui se succède.*

ressource que les places dont le gouvernement disposait. Cet inconvénient se reproduira parmi nous à l'égard des fils puînés des pairs ; l'immense importance politique de la pairie nous oblige de le supporter ; mais on n'aperçoit pas la raison de le rendre presque universel.

On comprendrait, tout en les contestant, par quels motifs la noblesse solliciterait le rétablissement du droit d'aînesse, si elle n'était pas en possession de la loi exceptionnelle des majorats, et du droit de disposer par testament de la part laissée à la disposition des pères, par l'article 913 du code civil ; mais dans l'état actuel de la législation on ne concevrait pas ses prétentions ; et d'ailleurs il existe autre chose que la noblesse dans l'état ; il y a toute une nation à laquelle les institutions aristocratiques ne peuvent être appliquées. Cette nation ne demande ni priviléges, ni droit de primogéniture ; la perpétuité du nom des familles et leur illustration, car elles en ont une aussi, y sont fondées sur le travail, l'économie, la probité et les bonnes mœurs. C'est par la pratique de ces vertus que les familles s'agrandissent et que de leur sein il en sort de nouvelles également laborieuses, également industrielles ; le droit d'aînesse y inspirerait le goût de l'oisiveté à l'un de leurs membres et le découragement aux autres ; il briserait le lien qui unit chaque famille : la communauté de travail et d'intérêt. Voyez ce petit pro-

priétaire dont les enfans accroissent la richesse;
leur labeur fertilise sa terre; tous se mettent à
l'œuvre, car ils savent que, du vivant de leur père,
le produit de leur travail contribuera à leur commune aisance, et qu'après sa mort ils le partage-
ront également; aussi aucun d'eux n'est jaloux de
son frère, ne reproche ses peines, ne refuse ses
soins. Mais si c'est pour un frère aîné que les cadets endurent de rudes fatigues, s'ils n'ont droit
qu'à une faible part de la fortune paternelle, n'est-
il pas à craindre qu'ils ne refusent d'aider leur
père? Ils iront peut-être grossir la classe prolétaire des villes; la vieillesse des pères et des mères
s'écoulera dans le délaissement, et leurs enfans n'en-
toureront pas leur lit de mort. Ce que je dis des
petits propriétaires s'applique à toutes les professions industrielles : les familles des négocians, des
manufacturiers, prospèrent par l'association des
travaux de tous leurs membres, elles déchoient
par leur division, résultat inévitable de l'inégalité
des partages; car alors chacun s'isole, veut tenter
la fortune pour son compte particulier, et les cadets préfèrent souvent un salaire chez un étranger
à l'état d'abaissement où les lois les réduisent dans
la maison paternelle; l'association de famille était
le faisceau du bon La Fontaine, elle sera dissoute
par la rupture du lien qui l'unissait.

On ne peut trop le répéter, le droit d'aînesse
absolu concentre en un seul individu le rang et la

richesse d'une famille, et détruit les autres membres par l'état d'indigence auquel il les réduit; s'il y a perpétuité du nom d'une famille, il y a en même temps anéantissement de l'esprit de famille; car ce mot est vide de sens s'il ne signifie pas l'union et la bienveillance réciproques entre frères et sœurs. Le droit d'aînesse, même limité, met d'ailleurs un puissant obstacle à la prospérité de l'industrie et à l'accroissement des richesses nationales. Ce n'est pas la richesse de quelques individus privilégiés qui constitue celle de l'État, c'est l'aisance générale résultant de la diffusion des capitaux qui en laisse à chacun une part modérée. Cet effet est produit par l'égalité des partages; il y a moins de fortunes colossales, moins de luxe, mais il y a plus de fortunes médiocres, plus d'aisance répandue parmi tous les rangs de la société, plus de bonheur, plus de vertu, moins de mendians et moins de vices. Les aînés n'ont pas la faculté de passer leur vie dans une molle oisiveté, les substitutions ne les y condamnent pas en les forçant de rester propriétaires pour le compte d'autrui; et en même temps les cadets ne sont pas réduits à la condition de prolétaires, car la part qu'ils recueillent dans la succession paternelle leur donne le moyen de former des entreprises, et de fonder des établissemens industriels. De là, ce mouvement général qui, par la multiplicité des entreprises et la concurrence entre les producteurs, perfectionne chaque jour les méthodes, augmente les produits et par suite les échanges, enrichit les particuliers et l'état.

Qu'on ne vienne pas dire que le projet de loi ; en limitant le droit d'aînesse aux familles payant 3oo francs d'imposition foncière , n'atteint pas les classes industrielles; ce serait une erreur. Depuis l'abolition des droits féodaux , le goût de la propriété est généralement répandu en France; presque tous les négocians possèdent des biens ruraux, et de plus, dans nos villes de province, leur maison d'habitation ; les fabricans sont propriétaires de leur établissement de fabrique, les filateurs de leur filature. Les successions des commerçans seront donc assujéties au prélèvement du préciput légal, et il ne faut pas oublier qu'il se perçoit sur le mobilier comme sur les biens-fonds. D'un autre côté, le grevé d'une substitution est, aux termes des articles 1o66 et 1o67 du code civil, tenu de placer les capitanx en immeubles , et le premier substitué ne peut pas vendre ces immeubles : la loi tend donc à retirer du commerce des capitaux importans. La mort d'un chef de maison est un moment de crise pour les entreprises industrielles; elle occasionne une interruption de travaux dans les fabriques, et le crédit, ainsi que la durée d'un établissement, dépendent d'un prompt arrangement entre les enfans, et de la conservation du capital social au moyen de leur association. Eh bien! la loi invite l'aîné à retirer ses capitaux pour jouir tranquillement du lot qu'elle lui accorde; et comme il prendra tout ou partie de l'immeuble dans lequel l'établissement aura été formé, l'abandon ou la continuation de l'entreprise dépendra de lui, il sera maître du sort de ses frères. Le projet soumet, de plus, toutes les successions commerciales aux frais, aux embarras, et aux lenteurs d'un inventaire, ainsi qu'aux droits d'enregistrement qui en résultent; or, dans les fabriques, l'opération de l'inventaire sera longue et dispendieuse : on sait, d'ailleurs, que la régie de l'enregistrement a la prétention de prélever les droits sur l'actif d'une maison de commerce sans déduction du passif; on n'échappe à cette prétention qu'en évitant les inventaires, elle va dorénavant s'élever dans toutes les successions. On ne devrait pas, cependant, ignorer que le métier d'un négociant étant d'acheter et de vendre, il doit et il lui est dû; son capital réel consiste dans la balance entre ses dettes, et ses créances ainsi que son encaisse; n'importe! On fera payer des droits énormes sur le montant des créances, sans déduire les dettes. Voilà comment tout en se targuant de protéger le commerce, on propose des lois qui le gênent et arrêtent son essor.

Puissance paternelle.

Il est des propositions que l'on avance et que l'on répète sans examen et par habitude : ainsi, j'entends souvent dire que le droit d'aînesse fortifie la puissance paternelle; jamais il n'y eut de proposition d'une fausseté plus évidente! Quelle autorité un père peut-il avoir sur un fils que la loi rend héritier d'un majorat ou d'un bien substitué, et dont le sort à venir ne dépend pas de lui? Aucune, assurément. Les sentimens naturels de tendresse filiale, et le respect pour l'âge et l'expérience d'un père, disposent souvent, j'en conviens, son fils aîné à écouter ses avis, à suivre ses conseils; mais c'est l'œuvre de la nature et non celle de la loi qui, bien au contraire, tend à étouffer ces bons sentimens par la perspective d'une existence indépendante. Quant aux puînés, n'ayant que peu de chose à attendre de leur père, la déplaisance de leur situation les conduit à l'indocilité, à l'abattement, ou bien, s'ils sont animés d'une généreuse émulation de faire leur chemin, de courir la carrière des honneurs et de la fortune, ils prennent conseils d'eux-mêmes, et, s'isolant du toit paternel, ils deviennent étrangers à la famille. La puissance paternelle n'existe pas dans les pays où règne le droit d'aînesse; la piété filiale s'y éteint, ou du moins y paraît tellement affaiblie qu'elle a plutôt l'air d'un respect de convenance que d'une effusion du cœur.

Mais, dira-t-on, le projet de loi ne peut produire aucun de ces effets : il donne, il est vrai, au fils aîné, le tiers ou le quart de la fortune en préciput, mais il réserve au père le droit de retirer ce préciput. Remarquons d'abord qu'on rétablit les substitutions au second degré en faveur *d'un seul enfant*, et qu'alors il pourra fort bien arriver que les puînés du grevé, ou du premier substitué, n'aient rien ou peu de chose à recueillir dans la succession paternelle. Il y a, d'ailleurs, dans le raisonnement, une réminiscence de la coutume des pays de droit écrit; mais cette réminiscence n'est pas heureuse. Dans ces pays, la loi consacrait le principe de l'égalité des partages, et en même temps elle laissait au père une grande latitude de disposer de ses biens par testament; on conçoit que sous de semblables lois la puissance paternelle soit investie d'une grande force; les enfans dépendent de leur père, et leur sort à venir est entre ses mains; s'il ne teste pas, le partage est égal; s'il fait un testament, il répand ses faveurs sur l'un ou plusieurs des puînés aussi bien que sur l'aîné; il peut réparer les pertes éprouvées par ses enfans, ou les malheurs imprévus qui leur seraient arrivés. C'est dans une situation à peu près semblable que le code civil place les pères, mais le projet de loi est loin d'être aussi favorable à l'exercice de l'autorité paternelle, il fait l'inverse de la loi romaine; c'est le droit écrit et le code civil également retournés. Ne pas avantager son fils aîné ou le priver des droits qu'il tient des lois sont deux choses qui ne se ressemblent en aucune manière! dans le premier cas, on s'abstient de tester en cédant au sentiment, inné en nous, de tendresse paternelle; dans le second, on fait un

testament pour déshériter son fils aîné. Selon la
loi romaine et le code civil, le père récompen-
sait, ici il punira. Cependant, il faut en conve-
nir, les enfans, sous l'empire de la nouvelle loi,
seront plus subordonnés que si l'on établissait
un droit d'aînesse absolu et que le père ne pût
abroger (1). mais leur subordination découlera
d'un principe d'immoralité et d'hypocrisie; ils
chercheront, par des prévenances intéressées, à
s'attirer l'affection du père de famille, et, par des
rapports perfides, à l'indisposer contre son fils
aîné; celui-ci sera l'ennemi commun contre lequel
les puînés, garçons et filles, formeront une ligue
hostile. On va introduire dans les familles la discorde et les haines qu'elle enfante. On empêche le
développement des inclinations douces et géné-
reuses, et on donne un puissant véhicule à nos
mauvais penchans, on dessèche dans sa source
l'amitié fraternelle. Jamais pensée plus immorale
n'est entrée dans une tête de législateur, et malgré
les nombreux actes que l'on peut reprocher aux
ministres, j'incline à croire qu'il y a ici plus d'ir-
réflexion que de mauvaise intention.

---

(1) Il y a cependant un cas où l'autorité paternelle dispa-
raîtra entièrement, c'est celui où le père, en mariant ses enfans, déclarera qu'il les réserve au partage égal : de ce jour,
leur indépendance sera entièe.

Morcellement des terres.

On se récrie beaucoup sur les inconvéniens du morcellement des terres, et on en tire le principal des argumens en faveur du droit d'aînesse. Quelques indices font croire que l'objection n'est pas aussi sérieuse qu'on cherche à le persuader, et il se pourrait que cet argument ne servît qu'à masquer les véritables raisons dont on n'ose pas faire l'aveu. Quoi qu'il en soit, il est bon d'examiner la question de la division des propriétés foncières comme si l'argument était sincère.

Cette question a été vivement controversée par des hommes de l'esprit le plus éclairé (1); il s'en faut qu'elle soit complètement résolue, et peut-être une solution absolue n'est-elle pas possible, parce qu'en cela comme en beaucoup d'autres choses, tout dépend des lieux et des circonstances.

Il y a quarante ans à peu près que le célèbre agronome Arthur Young disait : « De petites propriétés » très-divisées sont la plus grande source de mi-» sère qui se puisse concevoir, et ce système fu-» neste a déjà exercé de tels ravages en France, qu'on » ne doit pas douter que bientôt on n'y rende une » loi qui déclare illégale la division des terres au-

---

(1) Entre autres et en faveur de la division, par M. de Staël, *Lettres sur l'Angleterre*.

» delà d'un certain nombre d'arpens. » C'est sous l'ancien régime que Young émettait cette opinion, il écrivait selon les préjugés des Anglais; on lui a répondu par la loi des partages égaux; la division des propriétés est devenue plus générale, et l'agriculture française a fait de rapides progrès, ses produits sont plus abondans et le peuple est plus heureux. Ces résultats, qui ne peuvent être révoqués en doute, établissent une présomption bien favorable en faveur de la division des propriétés; et si en fait de législation on se conformait, en France, au prinçipe salutaire de ne modifier les lois que lorsque des inconvéniens graves en résultent, certes, on ne songerait pas à innover lorsque la législation n'a produit que des avantages incontestables. Mais, hélas! l'esprit de bouleversement a passé du peuple dans l'administration, les rôles sont changés; le peuple implore la stabilité, l'administration veut l'instabilité; le peuple sollicite l'accomplissement des engagemens de la restauration, l'administration veut à toute force les violer.

La concentration et la division des propriétés ont réciproquement leurs avantages ainsi que leurs inconvéniens, et il est essentiel de ne pas confondre la question de préférence entre les deux systèmes avec celle de la supériorité de la grande ou de la petite culture. Nul doute que la concentration ne soit, en général, plus favorable à la grande culture et la division à la petite; mais le rapport entre ces deux questions n'est pas intime; il y a des pays de concentration où les grands propriétaires adoptent le système de la petite culture et divisent leurs terres en petites fermes, tandis que dans les pays de morcellement plusieurs propriétaires se réunissent, et procèdent en commun selon les méthodes de la grande culture.

La possession d'un bien-fonds d'une certaine étendue donne au propriétaire la facilité d'adopter la méthode de culture qui lui paraît la plus avantageuse; il peut aussi varier les récoltes au moyen d'une bonne division des soles, diminuer les frais et augmenter les produits par l'emploi des moyens mécaniques et par la division du travail. Ces perfectionnemens, qui alors s'appliquent plus spécialement à la grande culture, se remarquent surtout dans les pays où beaucoup de capitaux sont disponibles, et où les propriétaires résidant habituellement sur leurs terres, les cultivent, soit par eux-mêmes, soit par l'entremise de fermiers riches. Partout où ces circonstances favorables ne se rencontrent pas, les fermiers conservent leurs vieilles routines et ils font peu de perfectionnemens.

D'un autre côté, la concentration favorisée par le droit d'aînesse, et par les substitutions ou les majorats qui sont des substitutions perpétuelles, peut arriver au point extrême de réunir dans les mains d'un petit nombre de propriétaires la presque-totalité du territoire d'un empire. Or, ces grands propriétaires, par une disposition trop habituelle de notre nature, deviennent pour la plupart indolens, inappliqués, prodigues ; ils croient ne pouvoir jamais épuiser leurs richesses, et ils sont mauvais administrateurs. Il leur serait d'ailleurs impossible de gérer par eux-mêmes leurs immenses terres ; ils chargent de ce soin des hommes d'affaires qui ont bien plus en vue leur intérêt particulier que le bien général ; sous ces gérans avides et sous des maîtres dissipateurs, les fermiers sont pressurés et réduits presque à l'état de simples artisans ; aucune amélioration n'est tentée, et souvent une partie des terres est abandonnée, pendant plusieurs années, sans culture. Voilà ce qui est arrivé en Espagne, par suite des majorats, des substitutions, et des biens de main-morte appartenant au clergé et aux ordres monastiques ; voilà ce qui a réduit une grande partie des habitans de ce malheureux pays à l'état de prolétaire et à la mendicité. En effet, les terres étant à tout jamais réparties entre des propriétaires à qui il est interdit de les aliéner, il n'a pas pu se former une classe intermédiaire de cultivateurs-propriétaires, et les héritages même, au lieu de diviser, ont de jour en jour concentré les biens-fonds. L'Espagnol, revenant des Amériques avec une grande fortune, n'a pas pu devenir propriétaire et faire servir ses capitaux à l'amélioration de l'agriculture ; d'un autre côté, l'industrie manufacturière ne s'est pas développée; car, encore un coup, le luxe d'une cour, de quelques grands propriétaires, et les dépenses des monastères, ne peuvent pas imprimer un mouvement actif au commerce et à l'industrie; les consommations des grands ne sont rien auprès de celles d'une nation laborieuse, dont les classes agricoles et industrielles échangent entre elles les produits divers qu'elles créent sans cesse, et de telle sorte, que l'aisance commune naît du travail de tous. Ce mouvement, je le répète, est produit par la diffusion des richesses, et par conséquent par la division des propriétés; il s'arrête et fait place à la misère publique dans les pays où les majorats, les substitutions, et le droit d'aînesse, contribuent chaque jour à augmenter le nombre des prolétaires. Le gouvernement serait même dans un danger imminent, si les fléaux qui accompagnent la misère ne venaient pas, en diminuant la population, apporter un remède barbare à l'imperfection des lois.

On opposera, je le sais, à ces raisonnemens, la prospérité de l'Angleterre : mais si ce pays n'a pas éprouvé les mêmes inconvéniens de ses droits d'aînesse et de ses substitutions que l'Espagne de ses majorats, cela tient, d'abord, à ce que la concentration des propriétés y est moins étendue, et, en second lieu, à son heureuse situation pour le commerce maritime qui a produit le prodigieux développement de son industrie. Il a fallu à l'Angleterre le monopole commercial de l'univers entier pour échapper aux dangers de la concentration des terres, et cependant elle n'a pu éviter la charge accablante de la taxe des pauvres, ni la turbulence de ses prolétaires qui menacent la tranquillité publique et la stabilité de ses institutions, toutes les fois que les travaux manufacturiers sont arrêtés. Ajoutons à ces considérations que les bénéfices du commerce ont produit d'immenses capitaux qui ont pu être reversés sur l'agriculture, et que l'on a remédié aux inconvéniens de la trop grande concentration, par la division des terres en fermes d'une étendue sagement combinée, et par les baux à longs termes et à vie. Les fermiers forment de la sorte une classe intermédiaire de semi-propriétaires, et, à coup sûr, la prospérité de l'Angleterre ne diminuerait pas si l'abolition des substitutions donnait aux fermiers la faculté d'acquérir les terres qu'ils cultivent. Le lustre de quelques grandes familles pourrait être obscurci par cette mesure, mais on aperçoit que cela est une question de gouvernement, et non d'économie politique.

La division des terres forme, il est vrai, une nombreuse classe de cultivateurs qui, n'ayant pas à sa disposition de forts capitaux, ne peut pas aussi bien que quelques grands propriétaires, ou riches fermiers, appliquer à la culture les perfectionnemens de la mécanique et la division du tra-

vail; mais d'autres avantages remplacent ceux-là.
Le petit propriétaire réside sur sa terre, il la cultive par ses propres mains et par celles de ses enfans; il cumule la rente du propriétaire, et les sa-
laires ainsi que les bénéfices du fermier : son intérêt étant de faire rendre à la terre tout ce qu'elle
peut donner, il ne la laisse pas reposer, et si le peu
d'étendue de sa propriété ne lui permet pas de
l'assoler, il choisit successivement le genre de culture le plus avantageux, et qui convient le mieux
à son terrain.

La division du travail ne s'établit pas toujours
sur une même propriété, mais elle a lieu par nature de propriété : chaque cultivateur sait qu'au
moyen d'échanges avec ses voisins ou sur les marchés publics, il se procurera tout ce qui lui est
nécessaire et agréable. Les écrivains qui ont pré-
tendu que par le morcellement, chaque propriétaire ne récolterait que ce qui serait nécessaire à
la nourriture de sa famille, et n'aurait rien à vendre aux villes réduites à périr faute de subsistan-
ces, raisonnaient en complète ignorance des premiers principes de l'économie politique. Il faudrait,
pour réaliser leur supposition, que la France fût
transformée en pays sauvage, sans chemins, sans
marchés, et où les peuplades n'auraient aucune
communication les unes avec les autres. Qu'on
laisse faire l'intérêt particulier, chacun s'attachera
à produire ce qui lui est le plus profitable, et on

ne manquera de rien ! Un fabricant ne sait-il pas qu'avec le tissu qu'il fabrique il achètera tout ce dont il a besoin ! Un cultivateur fera le même raisonnement; il saura que si , par exemple , il ne cultive pas les plantes céréales, il en trouvera avec le produit de ses plantes oléagineuses, de ses bestiaux et de son beurre. La division des propriétés a donc des effets aussi avantageux que la concentration sous le rapport de l'abondance et de la variété des produits de la terre , elle obtient cette abondance par d'autres moyens et elle le fait plus généralement.

Ce serait à tort que l'on voudrait se prévaloir de l'exemple de l'Irlande. L'indigence des cultivateurs de ce pays provient de ce qu'ils ne sont pas propriétaires et de l'état d'abaissement où ils sont réduits. Il existe des substitutions en Irlande, et par conséquent de grandes propriétés; mais les possesseurs des terres les ont divisées en petites fermes, afin d'en tirer un plus grand revenu. Si la division eût été faite avec mesure et intelligence, et si les baux étaient à longs termes ou à vie , le sort des fermiers serait probablement heureux, et la population n'eût pas augmenté aussi rapidement pour végéter dans la misère. Mais les grands propriétaires ont voulu se servir de la division de leurs terres pour accroître leur influence électorale ; ils ont, en conséquence, poussé le morcellement à l'infini, en imposant aux fermiers l'obligation de voter pour le candidat qui leur serait désigné; on n'est donc fermier que sous le bon plaisir du maître qui renvoie son serviteur quand il le veut, et surtout lorsque celui-ci n'a pas voté dans une élection, conformément à l'ordre qui lui a été donné. On conçoit que des cultivateurs réduits à un pareil état de servage et dont l'établissement n'a rien de stable, ne s'attachent pas à perfectionner la culture, et n'aient qu'une existence misérable et précaire. Supposons que les fermiers soient transformés en propriétaires, ils seront alors aussi actifs qu'ils sont indolens, aussi industrieux qu'ils sont peu intelligens; leur indigence se changera en aisance, et leur turbulence en amour de l'ordre. La Toscane présente un aspect bien différent de l'Irlande; elle est une heureuse démonstration des bienfaits de la division des propriétés, tandis que la concentration, que l'on vante tant, n'a pas sauvé l'Espagne de la décrépitude.

Les adversaires de la division des propriétés nous la représentent arrivée au degré extrême, où le produit de la parcelle de terre possédée par un paysan ne suffirait pas même à sa propre nourriture; alors ils raisonnent à perte de vue, et nous font, à leur aise, un effrayant tableau d'un pays réduit à cette misérable condition. Leur préoccupation d'esprit est telle, qu'ils voient leurs sinistres présages réalisés, même dans les pays où il n'y pas la moindre trace des malheurs qu'ils annoncent. Ainsi un voyageur anglais (1) a vu la florissante Normandie déclinant rapidement depuis l'égalité des partages, et menacée de n'avoir plus ni fermes ni même un arbre de bois de charpente. « Des milliers de fa- » milles, ajoute-t-il, se dispersent, et chacun fait » de grandes lamentations sur les effets de la loi » révolutionnaire. » Je cite cet exemple afin de montrer sur quelle juste appréciation des choses les partisans de la concentration fondent leurs ar- gumens; ils ont été jusqu'à soutenir que la popu- lation de la France serait réduite à se nourrir des plus vils animaux. Toutes ces appréhensions ne sont qu'un jeu d'imagination et ne se réaliseront pas. Je conviens que quelques chétives parcelles de terre peuvent appartenir à des paysans hors d'état de subsister avec le produit de ces parcelles; mais alors ils les louent, ou les font cultiver, à prix défendu, par un cultivateur voisin, se bor- nent à faire leur récolte, embrassent une profession industrielle, et vivent dans l'aisance. D'ailleurs on néglige trop de remarquer que si les héritages di- rects divisent les propriétés, les successions colla- térales entre frères et sœurs, et des oncles aux ne- veux, les réunissent; les mariages opèrent aussi tous les jours des réunions lorsque, comme en

---

(1) M. James Paul Cobbett. Je tire cette citation du Mé- morial catholique de mai 1825.

France, les partages·entre frères et sœurs étant
égaux, les femmes apportent en dot un bien à peu
près de même valeur que celui des maris. Le mouvement des capitaux produits par le commerce et
l'industrie, tend, de son côté, à diminuer la division des propriétés, et cet effet est immanquable
dans un pays comme la France, où le commerce
et l'industrie fleurissent à côté de l'agriculture, où
ces trois branches de la prospérité de l'État s'aident
réciproquement et créent tous les ans de nouveaux
capitaux dont on cherche l'emploi.

Depuis la révolution, les chefs de famille ont
l'habitude de répartir leur fortune, partie en capitaux qu'ils font valoir, partie en fonds de terre.
Ils achètent, soit les biens que les héritiers ne
veulent pas partager, soit les terrains qui deviennent à charge aux propriétaires, ou que ceux-ci
vendent dans l'intention d'en employer le prix à
former des entreprises commerciales. Il y a donc
action et réaction entre le morcellement résultat
des partages égaux, et la concentration résultat du
placement des capitaux. On peut, en cela, comme
en beaucoup d'autres choses, dire au gouvernement : ne vous entreposez pas entre les transactions
naturelles des citoyens, tout s'arrangera de soi-
même selon les besoins de la culture et de la
société.

Les partisans de la concentration prétendent que
le morcellement des terres et les partages égaux

susciteront une augmentation, hors de mesure, de
la population, et il y a des personnes qui sont tellement préoccupées de cette idée, qu'elles inclinent
à regretter que la découverte de la vaccine ait été
faite. On peut répondre en toute assurance que si
la population augmente, ce sera la preuve d'une
aisance plus générale et de moyens de subsistance
plus abondans; la France, mieux cultivée, pourrait
nourrir 20 millions d'hommes de plus, et c'est un
principe bien reconnu en économie politique, que
la population se proportionne toujours aux moyens
d'existence. Si des vides se font, il y a plus de mariages, et de plus nombreuses naissances viennent
remplir ces vides; voilà ce qui nous est arrivé pendant les guerres de la révolution. Si au contraire
la population s'accroît trop rapidement, il se fait
moins de mariages, et bientôt le niveau se rétablit.
La division des propriétés, en augmentant l'aisance générale, contribue à prolonger la vie des
hommes, et amène, par là, un accroissement pro-
gressif de la population; cet effet cesserait si la condition des hommes devenait misérable. Ce que j'a-
vance est constaté par les états publiés par M. Be-
noiston de Châteauneuf (1); ils prouvent que l'ac-

____

(1) Moniteur du 6 février 1826. Le temps moyen de la
vie humaine, qui n'était, avant la révolution, que de 30 ans,
est à présent de 40 ans, et un tableau qui vient d'être publié
dans le Journal des Débats prouve que la vie des hommes

croissement de la population de la France est dû
au prolongement de la vie des hommes plutôt qu'à
l'augmentation des naissances, dont le nombre est
dans un rapport moindre avec la population qu'a-
vant 1789. Ce fait atteste le bonheur général et la
bonté de nos lois civiles; l'administration n'a pas
manqué de s'en glorifier, et cependant elle médi-
tait une loi dont l'effet sera de rendre la condition
des Français moins heureuse, et d'augmenter les
chances de mortalité. Cet acte anti-social est bien
digne des ministres du système rétrograde.

Sous le rapport politique, la concentration,
ainsi que je l'ai dit à propos du droit d'aînesse,
maintient le rang des familles politiques; par cette
raison, les monarchies pures lui donnent la préférence, et cependant elles la limitent aux biens
nobles et n'appliquent, en général, le droit d'aînesse, ni aux capitaux mobiliers, ni aux maisons de
ville. Ce système peut aussi n'avoir pas de grands
inconvéniens dans une monarchie constitutionnelle principalement commerçante et maritime,
parce que le grand nombre d'hommes qui refluent
dans les professions industrielles et dans la marine,
y trouvent un utile emploi. Cet état, si d'ailleurs
il possède d'immenses colonies en Asie, en Améri-

---

est plus longue dans les départemens où les propriétés sont
très-divisées, et plus courte dans ceux où elles sont très-
concentrées.

que et aux terres australes, ne sera pas en peine du placement des cadets de famille.

Il conviendra mieux d'admettre la division des propriétes, au moyen du partage égal des successions, dans une monarchie constitutionnelle qui, possédant un vaste territoire, est principalement agricole; et qui, étant continentale, a besoin d'une population endurcie à la fatigue, habituée aux intempéries des saisons, et propre au service militaire; cette population, amie de l'ordre, sera la force de l'état.

Il se pourrait donc que la France et l'Angleterre, en adoptant un système différent, eussent obéi aux lois de leur constitution physique et de leur position continentale ou insulaire. Cela, joint à la force de l'habitude, donne l'explication de l'attachement des Anglais au droit d'aînesse, et de l'antipathie qu'il inspire aux Français. Nos lois civiles rendent d'ailleurs la France susceptible de devenir de plus en plus industrielle, en même temps qu'agricole; et nous avons sur l'Angleterre cet avantage précieux, que par la division des propriétés nous pouvons supporter avec moins de danger qu'elle, la suspension des travaux des manufactures. Un ouvrier possesseur d'un coin de terre, s'y retire alors, vit de ses produits et des économies que sa qualité de propriétaire lui a permis de faire; il attend avec plus de résignation un meilleur temps. Le prolétaire, au contraire, se trouvant sans ressource, devient dangereux, séditieux même, si la charité publique ne vient à son secours.

Si on reconnaît que la possession des terres inspire des idées d'ordre, de modération, de prévoyance, il faut bien aussi reconnaître que leur division, en multipliant le nombre des propriétaires, répand de plus en plus ces heureuses qualités dans la nation, contribue au maintien des bonnes mœurs et à l'affermissement de la tranquillité publique; voilà des conséquences qui, n'en déplaise à M. le garde-des-sceaux, me paraissent conformes au principe monarchique. Malheur aux législateurs qui oublieraient que c'est l'esprit de propriété qui a éteint parmi nous la fougue révolutionnaire! et si l'on a pu, sans aucun trouble, licencier une armée aguerrie, c'est que la plupart des soldats ont retrouvé une famille propriétaire dont ils sont allés partager les travaux.

Par quelle singularité, tout en nous disant que « la propriété foncière favorise la monarchie, et » que la propriété mobilière incline à la démocra- » tie, » annonce-t-on le projet de diminuer le nombre des propriétaires, et ainsi d'atténuer l'esprit monarchique et de fortifier la tendance républicaine en refoulant les puînés dans les classes industrielles? Eh! qu'on ne s'y trompe pas! l'effet est immanquable, non pas qu'il soit exact de dire que l'esprit du commerce ne se concilie pas avec la monarchie constitutionnelle, mais parce que l'on dépouille les puînés en leur déclarant que la monarchie le veut ainsi. La France va donc être divisée en aînés partisans de la monarchie, et en puînés signalés comme ses ennemis; certes, voilà un beau chef-d'œuvre et des ministres bien prévoyans !

Mais, s'écrie-t-on, nous sommes forcés d'arrêter le morcellement des terres; il va détruire la monarchie constitutionnelle, et des ministres dévoués à la charte, scrupuleux observateurs des lois et des principes constitutionnels , ne pouvaient tarder plus long-temps à signaler le danger.

Quel est donc ce danger effrayant? Le voici : Nous sommes menacés de n'avoir plus de chambre des députés; car le droit de participation aux affaires publiques se réglant en grande partie par la possession des terres, si ces terres se divisent et se subdivisent sans cesse , il n'y aura bientôt plus d'électeurs ni d'éligibles : « Ces résultats ne seront » pas immédiats ni même prochains; ils viendront » lentement, mais ils viendront; ils sont éloignés, » mais infaillibles. Infaillibles ! que faut-il de » plus? (1) » Ce qu'il faut, c'est que l'assertion soit exacte; or, ce que l'on craint n'arrivera pas plus que la dispersion, selon M. Cobbett, des milliers de familles de la Normandie; ce que j'ai dit sur le mouvement des capitaux, le goût de la propriété,

____

(1) Discours du garde-des-sceaux.

les héritages indirects, qui tendent à concentrer tandis que l'égalité des partages divise, répond suffisamment à l'assertion. D'ailleurs, si le besoin de modifier nos lois électorales se faisait sentir, elles ne sont pas si parfaites que cela fût beaucoup à regretter, et la monarchie ne périrait pas. L'expérience prouve que depuis vingt ans le morcellement des terres n'a pas fait de grands progrès en France; et si, ce que j'ignore, le nombre des électeurs a diminué, on en connaît les causes; et, pour n'en indiquer qu'une dont la citation puisse se faire honnêtement, on a diminué à plusieurs reprises la contribution foncière, et on propose de diminuer encore cette année les contributions directes. Il y a des gens d'un esprit mal fait qui prétendent que ces diminutions, combinées avec le droit d'aînesse, dévoilent le projet de concentrer les droits politiques dans une association de trente mille privilégiés; le public les écoute et ne sera pas très-touché des lamentations de M. le garde-des-sceaux.

Au surplus, si l'on est de bonne foi, il faudra bien reconnaître que la nouvelle loi n'empêchera pas le morcellement des propriétés, car, et l'observation en a déja été faite (1), si le projet concentre d'un côté, il divise davantage de l'autre.

---

(1) Journal des Débats.

Supposons un propriétaire ayant 1600 francs de revenu et quatre enfans : l'aîné prendra pour son préciput légal 400 francs, et de plus, 300 francs pour le quart des 1200 francs restans; il aura donc 700 francs de revenu, tandis que les puînés n'auront que 300 francs au lieu de 400 francs auxquels ils auraient eu droit par le partage égal; on voit que sur les quatre parts il y en aura trois qui donneront lieu à un morcellement plus fort. Que l'on fasse le même calcul pour la succession d'un électeur payant 1200 francs d'impôt foncier, on trouvera qu'au lieu de quatre électeurs, il n'en restera plus qu'un. Ce résultat n'indique-t-il pas la pensée des ministres? Serait-il vrai que l'on veut, par des voies détournées, dépouiller la nation de toute participation aux affaires publiques? Le soupçon peut être injuste, mais il est impossible de s'en défendre.

De bons esprits, frappés de l'amour effréné pour les faveurs et les places qui distingue notre époque, et fait abjurer à tant de gens tout sentiment d'indépendance, et souvent même d'honneur. inclinent à penser que l'établissement du droit d'aînesse contribuera à créer une classe de grands propriétaires indépendans du gouvernement, et disposés à résister aux empiétemens de l'autorité ministérielle. Ce serait vraiment merveille que les ministres proposassent une loi dont les effets dussent être aussi salutaires; mais il n'en est rien. On

va, par la diminution de l'aisance des cadets, augmenter le nombre des hommes dont la seule ressource sera dans les places à la disposition du gouvernement. Les aînés, eux-mêmes, devenus pères
de famille, seront occupés du placement de leurs
fils puînés, hors de la maison paternelle, et à moins
qu'un prodigieux mouvement industriel ne vienne
offrir des occupations fructueuses à ces puînés,
les pères, devenus solliciteurs des ministres pour
le compte de leurs enfans, tomberont dans la dépendance de l'administration, et nous savons jusqu'où va son exigence à l'égard des Français qui
ont besoin d'elle; le sort de leurs proches dépend
de leur vote aux élections et dans les chambres.
Rien, sans doute, n'est plus affligeant, plus mena-
çant pour la liberté publique, que cet ignoble é-
change de places et de votes; mais nous ne serons
pas délivrés de cette contagion morale par le
droit d'aînesse et la concentration des propriétés;
nous le serons par des lois qui constitueront l'indépendance des professions, et des corps commu-
naux et départementaux, qui retireront à une administration capricieuse et mobile, pour la remettre aux tribunaux, la décision des questions où les
intérêts civils et les droits politiques des citoyens
sont compromis; nous le serons par le développement de l'industrie et du commerce, que l'égalité
des partages favorise puissamment, et par la division des propriétés qui forme une classe précieuse

de citoyens attachée au sol, vivant dans l'indépendance au sein d'une famille habituée à ne devoir son aisance qu'au travail. Les hommes apprendront à ne compter que sur leurs ressources, leurs talens, et leur industrie : le peu de solidité de places qu'un caprice fait perdre, les dégoûtera de leur recherche; ils comprendront, il faut l'espérer, que le vrai bonheur consiste dans une honnête médiocrité et dans l'indépendance.

J'ai prouvé, je le crois du moins, que le droit d'aînesse, conforme au principe de la monarchie pure, n'est pas en harmonie avec les principes de notre monarchie constitutionnelle, dans laquelle il ne peut être institué que pour la pairie. J'ai, d'ailleurs, fait remarquer que même dans la monarchie pure il ne s'applique qu'à un corps de noblesse intermédiaire, et non aux classes industrielles dont il détruit l'esprit de famille, et que presque nulle part les biens-meubles ou personnels n'y sont assujétis.

Qu'il existe un accord parfait entre nos lois civiles et notre loi politique; le projet détruit cet accord.

Que c'est une nouveauté monstrueuse que de soumettre les biens-meubles au droit d'aînesse, et que le prélèvement du préciput et les substitutions, gêneront le commerce.

Que le morcellement des propriétés ne présente pas les dangers qu'on paraît en redouter; que les petits propriétaires sont amis de l'ordre et attachés à la monarchie constitutionnelle, tandis que le droit d'aînesse va créer une classe nombreuse de cadets de famille à charge à l'État, et une autre classe de prolétaires dangereux par leur turbulence.

Le projet de loi est donc impolitique.

Il est fiscal parce qu'il impose sur toutes les successions les frais et les droits d'inventaire : si les notaires et les avoués n'étaient mus que par leur intérêt particulier, ils iraient en corps rendre grâces à M. le garde-des-sceaux.

Il est, de plus, immoral, en ce qu'il introduit la discorde dans les familles, comprime les bons sentimens et met en action nos mauvais penchans.

Il me reste à prouver qu'il est injuste, absurde, et inconstitutionnel.

Le projet blesse les droits acquis, il change la position des puînés, des filles mariées, des gendres et des veuves ayant des enfans; il les soumet, par un effet rétroactif, à l'inégalité des partages, tandis qu'ils avaient compté sur l'égalité; il est donc injuste.

Le droit d'aînesse ne produit l'effet qu'en attend le législateur que par le commandement irrévocable de la loi; or la faculté accordée au père de protester par son testament contre la loi, rend le droit mobile. On annonce la stabilité, et c'est l'instabilité que l'on fonde; elle viendra chaque jour intervertir l'ordre des successions et changer la position des membres des familles : le droit d'aînesse dépendra de la variation des lois de finances, une famille y sera soumise ou ne le sera pas, suivant l'augmentation ou la diminution de la contribution foncière; il y aura plus d'aînés privilégiés en temps de guerre, moins en temps de paix. Un père de famille apprendra par sa cote de contribution si sa succession sera réglée par le code civil ou par la nouvelle loi; et dans le cas où, comme cela est arrivé souvent, les avertissemens ne seraient pas distribués le 1er janvier, il pourrait mourir intestat sans avoir su que le préciput légal était acquis à son aîné. On veut n'accorder ce préciput qu'à la ligne masculine, et cependant si, du vivant du père, l'aîné meurt avant les puînés et ne laisse que des filles, elles hériteront du préciput légal en vertu du droit de représentation consacré par le code civil. On annonce l'intention d'empêcher le morcellement des propriétés, et on l'augmente; on fait plus, on met obstacle aux réunions des parcelles de terre, en intéressant les puînés à s'opposer aux achats que leur père voudrait faire. Tout cela est inconséquent et absurde.

L'article 1er de la Charte dit positivement que tous les Français sont égaux devant la loi, et cependant on va les rendre inégaux. Un aîné aura droit de prendre les deux tiers ou la moitié d'une succession dans laquelle chacun des puînés n'aura

que le tiers ou le quart : voilà, certes, une inégalité bien manifeste; mais ce n'est pas tout, il y
aura même inégalité entre les familles. La différence entre 299 fr. et 300 fr. d'imposition foncière
suffira pour faire jouir une famille du partage égal,
et pour frapper une autre du privilége du droit
d'aînesse; aussi M. le garde-des-sceaux convient-il
qu'il s'agit de substituer *l'inégalité légale à l'é-
galité légale*. J'aime cette franchise, et voilà qui
est sincèrement jouer les cartes sur table : la Charte
n'a pas toujours été strictement observée, mais on
avait cherché à dissimuler par de spéçe ux sophis-
mes les contraventions à la loi fondamentale; ici
la violation de l'article 1er est manifeste et incon-
testable, eh bien ! sans recourir à de vains déguise-
mens, on en convient nettement. Forts de cet aveu,
si ce projet inconstitutionnel est adopté, les Français seront en droit d'en tirer la conséquence que
la Charte n'est plus qu'une lettre morte, et que les
sermens ne sont qu'une vaine cérémonie à l'aide
de laquelle on trompe les peuples.

La *Quotidienne* du 8 janvier 1824 demandait :

L'instruction publique, l'état civil et un revenu
indépendant pour le clergé;

La création d'asiles pour les pécheurs repen-
tans, c'est-à-dire le rétablissement des ordres re-
ligieux;

Des entraves législatives à la division des propriétés, et l'introduction dans la législation d'un

moyen de former une aristocratie territoriale, c'était demander clairement le droit d'aînesse et les substitutions ;

L'anéantissement de l'influence politique des patentés et le rétablissement des jurandes et maîtrises.

On approchait des élections ; tous les organes du ministère furent mis en mouvement pour répudier les vœux de la *Quotidienne* et rassurer les électeurs alarmés. Était-on de bonne foi, ou s'agissait-il de tromper les électeurs dont on ne pouvait pas commander le vote? L'avenir nous l'apprendra. Mais jà les faits accomplis parlent et accusent l'inconséquence ou la mauvaise foi de l'administration.

L'instruction primaire a été remise au clergé par une ordonnance illégale et impolitique.

Les congrégations religieuses de femmes sont rétablies par la loi de l'année dernière; et les ordres monastiques d'hommes s'établissent sous la protection de l'administration, par une coupable violation des lois, et, pour me servir de l'expression d'un noble pair, qui toute seule peint notre époque, *par un artifice pieux.*

Le droit d'aînesse et les substitutions sont proposés cette année.

Qui nous répond que l'état civil ne sera pas remis l'année prochaine au clergé, et que chaque session de la chambre septennale amenant l'abolition d'une loi chère aux Français, nous ne sommes

pas menacés successivement des jurandes et maîtrises, de l'anéantissement des droits politiques des
patentés, de l'indemnité du clergé en fonds de
terre, et du rétablissement légal des ordres monastiques d'hommes? En vain repousserait-on aujour-
d'hui les soupçons. Un membre ardent de la pro-
pagande mystique disait, à l'occasion de la guerre
d'Espagne, « il nous faut les jésuites pour la bonne
» compagnie et les capucins pour la canaille; » un
organe du ministère dit aujourd'hui (1) « que l'é-
» tablissement des corporations religieuses est le
» complément de la restauration, et que nos lois ci-
» viles ne sont conservées par la charte que comme
» tolérance provisoire. » Les Français ne vont donc
plus savoir sous quelles lois ils sont destinés à vivre ; les lois d'une année ne seront pas celles de
l'année suivante; on ne pourra s'attacher à rien,
car toute idée de stabilité est perdue. Nous retour-
nons rapidement vers la monarchie absolue, nous
abandonnons les voies de la restauration pour
nous lancer étourdiment dans la carrière des in-
novations, nous n'avons plus d'avenir certain.

Eh ! quel moment choisit-on pour remuer la société de fond en comble, pour attaquer tous les intérêts? Le moment où l'orage gronde dans le Nord,
où la moindre étincelle peut allumer un vaste in-

---

(1) Gazette de France du 15 février 1826.

cendie en Europe, où de grandes républiques s'é-
tablissent dans les Amériques sur des principes
plus larges que ceux dont on s'attache à détruire
parmi nous les bons effets; vit-on jamais une administration plus aveugle, plus imprudente, plus in-
sensée que la nôtre? et peut-on croire que les
Français ne compareront pas leur condition dé-
gradée avec la noble indépendance des citoyens de
l'Angleterre, des Pays-Bas et des républiques d'A-
mérique? Ce serait se faire une étrange illusion,
et rien n'est plus réel que les inquiétudes que tour-
à-tour on nie et on avoue. C'est le ministère qui
fait naître ces inquiétudes et qui les entretient par
ses funestes combinaisons; il s'est mis en état
d'hostilité contre la société, et celle-ci se tient sur
la défensive; puisse la Chambre des Pairs, en re-
jetant un projet frappé de la réprobation publique, rassurer les esprits par sa noble résistance,
rendre la paix aux familles, et dissiper la conjura-
tion ourdie contre la France.

FIN.